OBSERVATIONS

SUR L'ARRÊT

DE LA COUR DE CASSATION,

DU 11 MAI DERNIER,

DANS L'AFFAIRE DU *NATIONAL*.

PAR M. VIELLE,

AVOCAT A DOLE.

Dieu lui-même a besoin d'avoir raison.
BOSSUET.

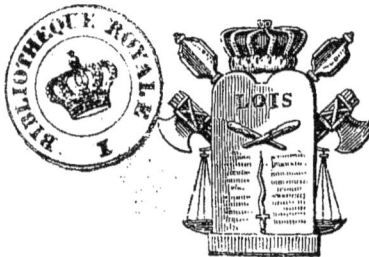

DOLE,

DE L'IMPRIMERIE DE J.-B. JOLY.

MAI 1833.

reçu. du 10 Juin

Personne n'est affranchi de l'erreur, ce riche apanage de l'humanité, comme l'appelle Locke.

La Cour de Cassation n'en est pas elle-même exempte; il n'y a point de jurisconsulte qui ne le sache parfaitement.

Il se pourrait donc bien faire que je fusse fondé dans la critique que je me suis permise de l'un de ses arrêts; l'obscurité de mon nom ne fera sans doute rien à l'affaire.

Quoi qu'il en soit, j'use de mon droit constitutionnel, bien ou mal, peu importe : la discussion appartient à tous et sur tout.

Je n'ignore pas que se faire imprimer ne soit une prétention, souvent même malheureuse : « C'est « apprendre aux gens, dit Montaigne, *Essais, liv.* 3, « *chap.* 12, non qu'on sçait faire un livre, mais ce « de quoy ils pouvaient estre en doubte, qu'on ne « le sçait pas faire. »

Aussi cet écrit n'est-il point un livre; j'ai passé *l'âge du long espoir et des vastes pensées.*

C'est, si l'on veut, une boutade sans conséquence, et à laquelle chacun de ceux à qui je l'adresserai sera libre de ne pas faire plus d'attention qu'elle n'en mérite sans doute.

Je ne dirai pas même, pour mon excuse, que je suis à peu près étranger, par la pratique, aux matières criminelles, et que je n'ai pas assisté plus de trois fois à des audiences de Cour d'assises.

OBSERVATIONS

SUR L'ARRÈT

DE LA COUR DE CASSATION,

DU 11 MAI DERNIER,

DANS L'AFFAIRE DU *NATIONAL*.

———

L'ARRÈT de la Cour de cassation, du 11 mai dernier, dans l'affaire du NATIONAL, qui avait si justement excité l'attention publique, n'a été rendu qu'après un très-long délibéré. Cependant, je le dis à regret, cet arrêt me semble peu digne des hautes lumières des magistrats dont il est l'ouvrage. Je crois pouvoir le démontrer.

Pas n'est besoin, j'imagine, de protester de mon respect pour la Cour suprême. D'Aguesseau a dit des magistrats, que c'étaient les dieux de la terre : mais ces dieux de sang et de chair se trompent quelquefois, il faut pouvoir le leur dire.

PRÉCIS DE L'AFFAIRE.

Le gérant du *National*, cité d'office devant la Cour d'assises de la Seine, comme prévenu de compte infidèle et de mauvaise foi, avec injures, des débats de l'affaire du coup de pistolet, n'excipa pas du défaut d'autorisation préalable.

Mais il présenta successivement plusieurs moyens préjudiciels, dont deux notamment reposaient sur ce que la Cour n'était pas régulièrement composée, et sur ce que l'article incriminé n'étant pas un compte rendu dans le sens de la loi, elle était incompétente.

Premier arrêt, à la date du 19 mars 1833, qui rejette le moyen pris de la composition irrégulière.

Second arrêt du même jour, qui joint au fond le moyen tiré de ce qu'il n'y avait pas compte rendu.

Quel était le caractère de ces deux arrêts ? Etaient-ils susceptibles de pourvoi immédiat devant la Cour de cassation, et ce pourvoi devait-il être suspensif ?

C'est ce qui fera, en partie du moins, le sujet de cette dissertation.

Le 20 mars, arrêt par défaut qui condamne le gérant du *National* à un mois de prison, 5000 fr. d'amende, et lui interdit pendant deux ans de rendre compte des audiences des tribunaux.

Je dis, *par défaut* simplement, parce qu'à mon avis il n'était pas même contradictoire sur la question de compétence, qui avait été jointe au fond. C'est ce qui résulte de la doctrine enseignée par M. Dalloz dans son Recueil alphabétique (*Verbo Jugements, chap.* 2, *sect.* 2, *art.* Ier, *n°* 7). La Cour de cassation l'a d'ailleurs implicitement jugé ainsi, puisqu'elle n'a pas rejeté le pourvoi du 30, dont il va être parlé, comme tardif, mais comme ayant été formé sous le cours de l'opposition.

Pourvoi en cassation formé le 22 mars contre les deux arrêts du 19 seulement, par erreur, à ce qu'il paraît.

Opposition à l'arrêt par défaut du 20 , signifiée au procureur-général le 25 du même mois.

A l'audience du 30 mars, demande de sursis, fondée, ainsi que le disait M⁰ Benoît, sur le pourvoi du 22 contre les arrêts du 19, et contre l'arrêt du 20 , en tant que ce dernier avait définivement rejeté le moyen pris du défaut de compte rendu.

Sur l'observation de M. l'Avocat-général, que l'arrêt du 20 mars n'avait été l'objet d'aucun pourvoi , Mᵉ Benoît demande quelques instants pour délibérer , ce que la Cour lui accorde.

Pendant cet intervalle , le gérant du *National* va au greffe, et forme pourvoi contre l'arrêt du 20 , mais sans doute en ce qui concerne la compétence seulement.

A la reprise de l'audience , Mᵉ Benoît demande acte à la Cour du pourvoi, et conclut de nouveau à ce qu'il soit sursis.

Mais la Cour , par différents motifs , et notamment à raison de ce que le pourvoi qui venait d'être formé ne l'avait pas été en temps utile , ordonne qu'il soit passé outre.

Dernier arrêt de la Cour d'assises de la Seine , qui donne acte au gérant du *National* de ce qu'il se désiste de son opposition à l'arrêt du 20 mars, et ordonne que cet arrêt sera exécuté suivant sa forme et teneur.

La condamnation contradictoire intervenue immédiatement après contre le gérant du *Charivari*, a bien fait voir qu'il n'y avait rien à gagner pour le *National* à plaider au fond.

Nouveau pourvoi formé le 2 avril contre le premier arrêt du 30 mars.

Voici maintenant l'arrêt de la Cour de cassation, qui a statué sur les divers pourvois du *National* :

« Ouï le rapport de M. le conseiller Thil, les observations de Me Crémieux, avocat de la Cour pour le demandeur, et les conclusions de M. l'avocat-général Parant;

Sur le premier moyen, tiré de la prétendue inconstitutionalité de l'art. 16 de la loi du 25 mars 1822 et de l'art. 3 de la loi du 8 octobré 1830, et de la violation des art. 69 et 70 de la Charte;

Vu les art. 7 et 16 de la loi du 25 mars 1822, et l'art. 3 de la loi du 8 octobre 1830 ;

Et attendu que l'art. 69 de la Charte de 1830, en déclarant qu'il serait pourvu, dans le plus court délai possible, à l'application du jury aux délits de la presse, a laissé provisoirement subsister la législation antérieure relative à la poursuite desdits délits ;

Que l'art. 70, qni annule et abroge dès à présent les lois et ordonnances en ce qu'elles ont de contraire aux dispositions adoptées pour la réforme de la Charte, n'a pas dès lors annulé et abrogé ies articles ci-dessus cités de la loi du 25 mars 1822, et relatives au mode de poursuite spécialemeut autorisé en cas de mauvaise foi ou d'infidélité dans le compte rendu des audiences des cours et tribunaux ;

Attendu que la loi du 8 octobre 1830, rendue pour

l'exécution de l'art. 69 de la Charte, tout en attribuant, par son art. 1er, la connaissance de tous les délits commis par la voie de la presse aux Cours d'assises, a expressément maintenu, dans son art. 3, le droit conféré aux cours et tribunaux par l'art. 16 de la loi du 25 mars 1832;

Attendu que cette loi, délibérée et promulguée dans les formes constitutionnelles prescrites par la Charte, fait la règle des tribunaux, et ne peut être attaquée devant eux pour cause d'inconstitutionalité.;

Sur le deuxième moyen, tiré des art. 79, 80, 81, 82 du décret du 6 juillet 1810, et du prétendu excès de pouvoir commis par la Cour d'assises dans son arrêt du 11 mars dernier, par lequel elle s'est adjoint M. Portalis pour assister aux débats du procès des nommés Bergeron et Benoît, et remplacer celui de ses membres qui pourrait se trouver empêché;

Vu la loi du 25 brumaire an VIII, les art. 264 et 394 du Code d'instruction criminelle;

Et attendu que le décret du 6 juillet 1810, qui trace des règles pour la formation des Cours d'assises, soit par le ministre de la justice, soit par les premiers présidents des Cours royales, ne s'oppose pas à ce qu'elles puissent s'adjoindre un magistrat pour assister aux débats, et remplacer ceux de leurs membres qui se trouveraient dans l'impossibilité de continuer à exercer leurs fonctions;

Que le droit qu'exercent à cet égard les Cours d'assises est dans l'intérêt de la bonne administration de la justice et de la prompte expédition des procès;

Que ce droit a été attribué aux tribunaux criminels par la loi du 25 brumaire an VIII, qui, en cette partie, et malgré la substitution des Cours d'assises auxdits tribunaux, doit être considérée comme ayant posé un principe toujours subsistant; que ce principe résulte d'ailleurs virtuellement de l'art. 264 du Code d'instruction criminelle relatif au remplacement des juges de la Cour royale, en cas d'absence ou de toute autre cause d'empêchement, et de l'art. 394 du même Code, qui autorise les Cours d'assises, lorsqu'un procès criminel paraît de

nature à entraîner de longs débats, à ordonner qu'in-
dépendamment de douze jurés, il en sera tiré au sort
un ou deux qui assisteront auxdits débats pour remplacer ceux qui seraient empêchés, et les suivre jusqu'à
la déclaration définitive du jury ; qu'ainsi l'arrêt du 11
mars ne viole aucune disposition du décret du 6 juillet
1810, et n'a commis aucun excès de pouvoir ;

Sur le troisième moyen résultant de la prétendue violation de l'art. 16 de la loi du 25 mars 1822, en ce que
M. Portalis ne pouvait être considéré comme ayant tenu
l'audience du 13 mars, puisque alors aucun membre
de la Cour d'assises ne se trouvait empêché ;

Attendu que par l'arrêt déjà cité du 11 mars, M. Portalis, conseiller-auditeur, ayant voix délibérative, avait
été appelé pour assister aux débats du procès de Bergeron
et Benoît, et remplacer celui des membres de la Cour
qui serait empêché ;

Attendu que le 18 mars, et lorsque Paulin a com-
paru, sur la citation du 14 du même mois, devant la Cour
d'assises, M. de la Rachée, légitimement empêché, a été
remplacé par M. Portalis, qui avait assisté à tous les débats, et dès lors siégé à l'audience du 13 mars, dont
Paulin était prévenu d'avoir rendu un compte infidèle et
de mauvaise foi ;

Qu'à l'instant où le remplacement de M. de la Rachée
par M. Portalis est devenu nécessaire et a été opéré, ce-
lui-ci a dû être considéré comme ayant toujours fait
partie de la Cour d'assises pendant les débats de l'affaire
de Bergeron et Benoît, et conséquemment comme ayant
tenu l'audience du 13 mars ;

Qu'ainsi le 18 mars la Cour d'assises était régulièrement composée, et a pu, sans violer l'art. 16 de la loi du
25 mars 1822, connaître de l'action dirigée contre le
sieur Paulin ;

Sur les quatrième, cinquième et sixième moyens, fon-
dés sur de prétendues violations des art. 1, 4 et 17 de la
loi du 26 mai 1819, de l'art. 4 de la loi du 8 octobre 1830
et des § 1, 2 et 3 de l'art. 2 de la loi du 8 avril 1831, et

résultantes de ce que la citation donnée à Paulin ne lui
avait point accordé un délai de dix jours ; de ce qu'on ne
lui avait point notifié une réquisition du ministère public
articulant et qualifiant les délits qui lui étaient repro-
chés , et une ordonnance de la Cour d'assises fixant le
jour de l'audience ; de ce que le ministère public n'avait
pas obtenu , avant d'intenter son action , une autorisation
spéciale de la Cour d'assises ;

Attendu que les délais, formalités et notifications pres-
crits en matière de délits de la presse , lorsque leurs au-
teurs sont traduits directement devant le jury par le
ministère public , ne sont point applicables aux poursuites portées devant les cours et tribunaux à raison des
comptes rendus de leurs audiences , et en exécution des
art. 7 et 16 de la loi du 25 mars 1822 , et de l'art. 3 de
celle du 8 octobre 1830 ;

Qu'en ce cas les règles générales du droit criminel
doivent seules être suivies ;

Attendu que le délai de trois jours francs accordé au
demandeur par la citation du 14 mars , est celui fixé par
l'art. 184 du Code d'instruction criminelle pour les ajour-
nements en matière correctionnelle ;

Que cette citation est libellée , articule et spécifie le
délit imputé au demandeur , et cite la loi pénale applicable à ce délit ;

Que, de droit commun , la poursuite d'office de tous
les délits appartient au ministère public , qui ne peut
être assujetti à attendre les plaintes ou l'autorisation préalable des personnes ou des corps que ces délits concernent, que dans les circonstances et pour les cas expressément déterminés par la loi ;

Que les art. 7 et 16 de la loi du 25 mars 1822 et 3 de
la loi du 8 octobre 1830 , en vertu de laquelle le demandeur a été traduit devant la Cour d'assises, n'obligent
point le ministère public à obtenir préalablement de ladite Cour l'autorisation de poursuivre ;

Que d'ailleurs , dans le cas d'infidélité et de mauvaise
foi des comptes rendus des audiences d'un tribunal , le

délit doit être poursuivi bien moins dans l'intérêt des magistrats qui peuvent y être injuriés, que dans l'intérêt de l'ordre public;

Par ces motifs, la Cour statuant sur les 1er, 2e, 3e, 4e, 5e et 6e moyens du demandeur, et sur son premier pourvoi frappant les arrêts contradictoires du 19 mars dernier, rejette lesdits moyens et ledit pourvoi.

En ce qui touche le pourvoi contre les arrêts du 30 mars, qui ont rejeté le sursis demandé par Paulin, et sur lesquels frappent les septième et huitième moyens de cassation, articulant excès de pouvoir et incompétence de la Cour d'assises, et violation de l'art. 416 du Code d'instruction criminelle;

Sur le septième moyen :

Attendu que, quoique les arrêts du 19 mars, qui ont prononcé sur les prétendues irrégularités de la poursuite du ministère public soient définitifs, ils doivent être rangés dans la classe des arrêts préparatoires et d'instruction dont le pourvoi est ouvert après l'arrêt ou jugement définitif, et sans que l'exécution volontaire puisse être opposée comme fin de non recevoir;

Que le même caractère doit être assigné à l'arrêt du même jour, 19 mars, qui n'a pas admis le prétendu moyen d'incompétence fondé sur ce que M. Portalis n'avait pas tenu l'audience du 13 mars;

Que ce moyen, en effet, n'étant qu'une dénégation de la qualité de juge pour l'affaire spéciale où il était appelé à siéger, n'est pas une véritable exception d'incompétence;

Attendu dès lors que, aux termes des dispositions combinées de l'art. 373 du Code d'instruction criminelle et de la première disposition de l'art. 416 du même Code, le pourvoi dirigé le 22 mars contre ces arrêts n'était point suspensif, et ne pouvait obliger la Cour d'assises à surseoir;

En ce qui touche le huitième moyen, tiré de la prétendue violation de l'art. 416 précité :

Vu ledit article portant : « Le recours en cassation

« contre les arrêts préparatoires et d'instruction , ou les
« jugements en dernier ressort de cette qualité , ne sera
« ouvert qu'après l'arrêt ou le jugement définitif ; l'exé-
« cution volontaire de tels jugements ou arrêts prépa-
« ratoires ne pourra , en aucun cas, être opposée comme
« fin de non recevoir : la présente disposition ne s'ap-
« plique point aux jugements ou arrêts rendus sur la
« compétence ; »

Et attendu qu'à l'audience de la Cour d'assises du 19
mars, le demandeur a prétendu que l'article incriminé
du journal *le National,* du 14 mars précédent, n'était
pas un compte rendu des audiences de ladite Cour , et a
conclu en conséquence à ce qu'elle se déclarât incompétente ;

Que la Cour, après avoir joint au fonds ce moyen
d'incompétence *ratione materiæ,* y a fait droit par son
arrêt de défaut du 20 mars, et en a débouté le demandeur;

Que si le pourvoi du 22 mars ne portait pas sur ces
arrêts , Paulin l'a expressément attaqué par un pourvoi
fait au greffe de la Cour d'assises le 30 mars ;

Attendu qu'à l'audience du 30 mars le demandeur a
excipé de ses pourvois des 22 et 30 mars , qu'il préten-
dait également dirigés contre l'arrêt de compétence du
20 mars , et a demandé en conséquence qu'il fût sursis
provisoirement à prononcer sur son opposition audit
arrêt ;

Que la Cour d'assises a refusé d'accorder ce sursis ,
parce qu'elle a considéré d'une part que le pourvoi du
22 mars ne portait pas sur l'arrêt du 20 , et d'une autre
part que le pourvoi du 30 mars n'était pas fait en temps
utile ;

Attendu qu'en prononçant ainsi, quant au pourvoi du
22 mars , la Cour d'assises s'est arrêtée aux termes mêmes
de l'acte qui lui était présenté , et qui ne donnait lieu à
aucune interprétation ;

Mais attendu qu'elle a dépassé les limites de sa compétence et commis un excès de pouvoir en jugeant que le
pourvoi du 30 mars n'était pas fait en temps utile , et ne
pouvait dès lors motiver la demande en surséance ;

Qu'en effet la Cour de cassation, saisie par ce pourvoi, était seule compétente pour statuer sur sa recevabilité, et qu'il suffisait qu'il frappât sur l'arrêt de compétence du 20 mars pour qu'il fût de plein droit suspensif, et dût faire surseoir à toute exécution dudit arrêt et au jugement de l'opposition du 25 mars, jusqu'à ce que la Cour de cassation eût prononcé;

Attendu dès lors que la Cour d'assises a commis un excès de pouvoir et violé l'article 416 du Code d'instruction criminelle; qu'ainsi il y a lieu d'accueillir le pourvoi du 2 avril contre le premier arrêt du 30 mars, qui a refusé la surséance réclamée par le demandeur;

Et attendu d'ailleurs que le pourvoi du 30 mars a été formé après l'opposition à l'arrêt par défaut du 20 mars, et lorsque cette opposition conservait encore toute sa force, et que dès lors il est non recevable;

La Cour, faisant droit audit pourvoi, le déclare purement et simplement non recevable; et statuant sur celui du 2 avril, casse et annule le premier arrêt du 30 mars et tout ce qui en a été la suite, pour incompétence et excès de pouvoir, et sans entendre rien préjuger sur l'exception d'incompétence à raison de la matière ni sur les moyens du fond;

Renvoie Paulin et les pièces du procès devant la Cour d'assises du département de Seine-et-Oise, à ce déterminée par délibération spéciale prise en la chambre du conseil, pour être définitivement fait droit, conformément à la loi, sur l'opposition du 25 mars à l'arrêt par défaut du 20 du même mois; ordonne la restitution des amendes consignées par Paulin, ainsi que la remise de la somme de 5500 fr. qu'il a déposée en vertu de l'arrêt qui lui a accordé sa liberté provisoire sous caution; ordonne, au surplus, que le présent arrêt sera imprimé et transcrit, à la requête de M. le Procureur-général du Roi, sur le registre de la Cour d'assises de la Seine. »

DISCUSSION.

Je la diviserai en trois parties : dans la première, j'établirai la fausse qualification qui a été faite par la Cour suprême des arrêts de la Cour d'assises de la Seine sur les exceptions préjudicielles du *National :* la seconde partie sera consacrée à la réfutation du moyen retenu par elle, et qui a déterminé la cassation des arrêts du 30 mars : je démontrerai dans la troisième que toute la procédure devait être annulée, et cela, par un motif que la Cour régulatrice a mal-à-propos rejeté, selon moi.

PREMIÈRE PARTIE.

La Cour de cassation a dit, que les arrêts de la Cour d'assises de la Seine qui avaient *prononcé sur les prétendues irrégularités de la poursuite du ministère public,* étaient, à la vérité, *définitifs,* mais qu'ils n'en devaient pas moins *être rangés dans la classe des jugements préparatoires et d'instruction* dont parle l'article 416 du Code d'instruction criminelle, à l'égard desquels *le pourvoi est ouvert après le jugement définitif, et sans que l'exécution volontaire puisse être opposée comme fin de non recevoir.*

D'abord, il ne s'agissait pas de savoir si le pourvoi du *National* était ouvert après l'arrêt définitif contre les arrêts du 19 mars, mais seulement si ce pourvoi n'avait pas pu être formé auparavant, comme il l'avait réellement été.

Et en effet, le droit de ne former le pourvoi qu'après l'arrêt définitif, n'implique pas nécessairement la défense de le former auparavant. Cela est si vrai, qu'il est arrivé plus d'une fois à la Cour de cassation, notamment par ses arrêts des 22 octobre 1819 et 26 septembre 1823, d'emprunter à l'article 452 du Code de procédure civile la distinction établie par cet article entre les jugements préparatoires ou d'instruction, qui ne préjugent rien, et ceux qui préjugent le fond. On pourrait donc penser aussi que le pourvoi contre ces derniers jugements, ainsi que contre ceux qui rejettent définitivement une exception préjudicielle, bien qu'il pût être formé après l'arrêt définitif, puisse aussi l'être auparavant, d'après l'article du Code de procédure civile que je viens de citer.

Ensuite, il est tout-à-fait nouveau et contraire aux règles les plus constantes de la procédure, d'assimiler un jugement définitif, en ce qui fait l'objet particulier de la décision qu'il renferme, aux jugements ou arrêts préparatoireset de simple instruction.

La Cour de cassation a jugé, le 22 octobre 1819 et le 26 septembre 1823, que les jugements interlocutoires qui préjugent le fond ne doivent pas être réputés purement préparatoires, dans le sens de l'article 416 du Code d'instruction criminelle, et qu'ils peuvent lui être dénoncés avant le jugement définitif : elle est même allée jusqu'à décider, le 9 juillet 1824, que le pourvoi contre un jugement interlocutoire en matière correctionnelle devait être formé, à peine de déchéance, dans les trois jours de sa prononciation.

Je n'approuve pas, il s'en faut beaucoup, cette jurisprudence. L'article 416 du Code d'instruction criminelle ne distingue point, à l'égard des jugements dont il parle, entre ceux qui préjugent le fond et ceux qui ne préjugent rien : sa disposition doit donc être appliquée aux uns comme aux autres, puisque les premiers sont des jugements d'instruction, ni plus ni moins que les seconds. Si le législateur avait voulu que la distinction faite par l'article 452 du Code de procédure civile entre les jugements dont il s'agit, fût applicable aux matières criminelles, il s'en serait expliqué, et ne se serait pas servi des expressions générales dans lesquelles l'article 416 se trouve conçu. Il n'a pas voulu du moins qu'on pût encourir une déchéance dont le principe ne se trouve nulle part.

Je concevrais donc très-bien que la Cour suprême fût revenue sur la jurisprudence dont je viens de parler.

Mais comment a-t-elle pu, traversant, pour ainsi dire, la saine intelligence de l'article 416 du Code d'instruction criminelle, et se jetant dans l'extrémité opposée, confondre un simple jugement d'instruction avec le jugement qui rejette, par exemple, une exception prise de la chose jugée, de la prescription ou d'une amnistie?

2

La Cour de cassation avait cependant bien distingué jusqu'ici ces sortes de jugements.

« Attendu , a-t-elle dit notamment le 5 no-
« vembre 1807, que l'arrêt du 12 juillet dernier,
« par lequel la Cour de justice criminelle du dé-
« partement de l'Yonne a cassé la procédure faite
« devant le tribunal correctionnel de Sens , n'é-
« tait point un jugement simplement prépara-
« toire, mais qu'il était définitif , puisqu'il ten-
« dait à porter un préjudice irréparable à la
« partie plaignante en la privant du bénéfice qui
« lui était acquis de l'instruction faite en pre-
« mière instance ; que, sous ce rapport, Huré
« ne pouvait se pourvoir valablement en cassation
« contre cet arrêt que dans les délais fixés par
« l'article 440 du Code des délits et des peines ,
« rejette , etc. »

Je préfère , quant à moi , cette doctrine à celle de l'arrêt du 11 mai , qui ne prévaudra probablement pas.

L'article 416 du Code d'instruction criminelle n'a permis le recours en cassation contre les arrêts préparatoires et d'instruction , ou les jugements en dernier ressort de cette qualité, qu'après le jugement ou l'arrêt définitif , par la raison , sans aucun doute, que le préjudice qui en résulte quelquefois peut toujours être réparé en fin de compte. Mais il en est tout autrement des arrêts ou des jugements qui, sans être définitifs au fond, le sont au moins quant au point qu'ils décident : le grief qu'ils infèrent est irréparable, le recours doit donc être ouvert immédiatement.

La disposition finale de l'article 416 ne parle, il est vrai, que des jugements ou arrêts de compétence, mais c'est d'une manière purement énonciative ; et rien n'empêche d'étendre cette dsiposition aux jugements ou arrêts définitifs de même nature : *Quod valet in re pari, valeat in hâc quæ par est.*

Enfin, chose bien étrange ! la Cour de cassation contrevient à sa nouvelle doctrine dans l'arrêt même qui la proclame.

En effet, si les jugements définitifs préjudiciels devaient être assimilés aux jugements préparatoires et d'instruction, il s'ensuivrait que le pourvoi n'en serait pas recevable avant le jugement définitif du fond ; la première partie de l'article 416 du Code d'instruction criminelle est là-dessus très-précise. Et cependant ce n'est pas par ce motif que la Cour de cassation a rejeté le premier pourvoi du *National*, elle l'a rejeté par des moyens du fond.

DEUXIÈME PARTIE.

La Cour régulatrice a cassé l'arrêt de la Cour d'assises de la Seine, qui avait refusé le sursis demandé à raison d'un pourvoi jugé tardif par cette dernière Cour, et qui l'était en effet.

« Attendu, a-t-elle dit, que la Cour d'assises « de la Seine a dépassé les limites de sa compé- « tence et commis un excès de pouvoir en jugeant

« que le pourvoi du 3o mars n'était pas fait en
« temps utile, et ne pouvait dès lors motiver la
« demande en surséance ; qu'en effet, la Cour de
« cassation, saisie par ce pourvoi, était seule
« compétente par statuer sur sa recevabilité, et
« qu'il suffisait qu'il frappât sur l'arrêt de com-
« pétence du 20 mars pour qu'il fût de plein
« droit suspensif, et dût faire surseoir à toute
« exécution dudit arrêt et au jugement de l'op-
« position du 20 mars, jusqu'à ce que la Cour de
« cassation eût prononcé. »

Quant au pourvoi du 22 mars, la Cour de cassation a pensé que la Cour d'assises de la Seine
avait pu passer outre, d'après les *termes mêmes
de l'acte de pourvoi qui lui était représenté, et
qui ne donnait lieu à aucune interprétation.*

La Cour de cassation avait déjà jugé, le 24
décembre 1812, que le pourvoi formé en conséquence de l'article 296 du Code d'instruction
criminelle ne nécessitait le sursis aux débats or-
donné par l'article 301 du même Code, que dans
le cas seulement où ce pourvoi énonçait un des
trois moyens mentionnés dans l'article 299.

Mais limiter ou circonscrire un pourvoi d'a-
près les termes plus ou moins positifs dans lesquels il peut être conçu, est-ce moins commettre
un excès de pouvoir et usurper sur les attribu-
tions de la Cour suprême, que de ne reconnaître
aucun effet à un pourvoi manifestement formé
après l'expiration du délai prescrit par la loi? Y
a-t-il plus lieu à *interprétation* dans le second cas
que dans le premier?

Quoi qu'il en soit à cet égard, je pense que, dans aucun cas, la Cour d'assises de la Seine ne devait accorder le sursis qu'on lui demandait.

Il n'y a que le pourvoi contre le jugement définitif du fond qui soit suspensif de droit; c'est ce qui résulte bien clairement de l'article 373 du Code d'instruction criminelle : « Pendant ces « trois jours (accordés pour le pourvoi), y est- « il dit, et s'il y a eu recours en cassation, jusqu'à « la réception de l'arrêt de la Cour de cassation, « il sera sursis à l'exécution de l'arrêt de la Cour. » Or, on ne peut pas douter que la première partie de cette disposition soit inapplicable aux arrêts autres que l'arrêt définitif du fond ; donc la seconde partie, qui forme avec la première un même tout, ne peut pas davantage leur être appliquée.

L'effet suspensif est de droit strict ; on ne peut pas l'étendre d'un cas à un autre, surtout lorsque sa raison déterminante ne s'y rencontre pas. Cet effet, à l'égard de l'arrêt ou du jugement définitif de condamnation, ressort de la nature même des choses ; et si la loi était muette, on le suppléerait sans aucun doute, au moins pour les condamnations qui atteindraient la personne. Mais il en est autrement des jugements ou arrêts que j'ai appelés préjudiciels, quoique définitifs, et je ne distingue pas, à cet égard, entre les jugements de compétence et ceux qui n'ont pas ce caractère. Je crois que la Cour ou le tribunal saisi peut toujours passer outre, et qu'il le doit même, sans préjudice du pourvoi, dont il est bien entendu que le succès entraînerait l'annulation de tout ce qui aurait pu suivre.

C'est, au surplus, ce que la Cour de cassation elle-même a jugé par son arrêt du 23 juin 1832.

« Attendu, y est-il dit, sur la première partie
« de ce second pourvoi, que s'il n'appartient pas
« aux tribunaux de juger du mérite des pourvois
« en cassation dirigés contre leurs jugements,
« les juges auxquels est dévolue la connaissance
« des délits ou des contraventions sont par là
« même et nécessairement compétents pour exa-
« miner la nature des exceptions qui sont élévées
« devant eux ; que s'ils doivent surseoir à pro-
« noncer toutes les fois que ces exceptions sor-
« tiront des questions de propriété ou autres,
« que les lois ont expressément attribuées à d'au-
« tres juridictions, et pour la décision desquelles
« ils seraient incompétents, ils doivent retenir
« connaissance de toutes les autres, et prononcer
« sans désemparer ; qu'autrement leur juridic-
« tion serait incessamment entravée : attendu
« que, dans l'espèce, la Cour d'assises était com-
« pétente, sous tous les rapports, pour connaître
« du délit imputé au prévenu et pour apprécier le
« moyen tiré de l'application de l'article 365 du
« Code d'instruction criminelle, lequel était un
« moyen de défense au fond et n'avait rien de
« préjudiciel (1) ; que même, par ses conclusions
« originaires, le demandeur ne contestait pas

(1) C'est une erreur, à mon avis : au surplus, il y avait été statué préjudiciellement.

« cette compétence : attendu que si le recours en
« cassation n'était pas interdit par l'article 416 du
« même Code, contre l'arrêt qui rejetait l'excep-
« tion prononcée, en ce que cet arrêt avait été
« définitif à cet égard, l'effet de ce recours ne
« pouvait être suspensif de la continuation des
« débats ; que l'effet de ce pourvoi était de lui
« réserver le bénéfice de ce moyen devant la
« Cour ; qu'ainsi l'article 373 du Code d'instruc-
« tion criminelle n'a pas été violé. »

J'ai dit qu'il n'y avait aucune distinction à
faire à cet égard entre les jugements de compétence et ceux qui n'ont pas ce caractère. Et, en
effet, si l'on peut se pourvoir contre un jugement
définitif simplement préjudiciel, bien que ce ne
soit pas un jugement ou un arrêt de compétence,
il est impossible que l'on doive surseoir lorsqu'il
s'agit de la compétence, et qu'on ne le puisse
pas pour les autres jugements préjudiciels ; parce
que rien, absolument rien, dans l'article 373,
n'indique cette différence.

La Cour de cassation a bien dit, dans son arrêt
du 11 mai, que les jugements définitifs et simplement préjudiciels, devaient être assimilés aux
jugements préparatoires et d'instruction, dont
parle l'article 416 du Code d'instruction criminelle. Mais c'est là un excès manifeste, contredit
par une jurisprudence antérieure, et à l'égard
duquel je me suis déjà expliqué. Non, on n'ad-
mettra jamais que le pourvoi contre les jugements
dont il s'agit ne puisse avoir lieu qu'après le jugement du fond ; et c'est cependant ce qui résul-
terait de l'arrêt du 11 mai.

Je m'attache à ce que l'article 373 ne parle évidemment que des arrêts définitifs au fond, et à ce motif puissant donné par la Cour de cassation elle-même, que toute autre interprétation entraverait l'exercice de l'action publique.

C'est ainsi que l'article 2 du titre 25 de l'ordonnance de 1670 voulait qu'il fût *procédé à l'instruction et au jugement des procès criminels, nonobstant toutes appellations, même de juge incompétent;* « parce qu'autrement, dit Lacombe « dans ses Matières criminelles, *page* 452, *n*° 5, il « n'y aurait point d'accusé qui n'interjetât appel « de la moindre procédure, même comme de « juge incompétent. »

Cet auteur va trop loin, sans doute, et il parle avec la préoccupation d'un ancien criminaliste ; mais enfin il suffit que la chose soit possible ; et elle le serait d'autant plus, que d'après l'arrêt de la Cour de cassation du 25 juin 1825, les demandes en renvoi, ou, ce qui est la même chose, les exceptions d'incompétence, doivent être jugées préalablement, sans qu'elles puissent être réservées ni jointes au principal.

L'arrêt de la Cour d'assises de la Seine ne devait donc pas être cassé, comme il l'a été du moins.

TROISIÈME PARTIE.

La Cour suprême a dit « que de droit com- « mun, la poursuite d'office de tous les délits « appartient au ministère public, qui ne peut

« être assujetti à attendre les plaintes ou l'auto-
« risation préalable des personnes ou des corps
« que ces délits concernent, que dans les cir-
« constances et pour les cas expressément déter-
« minés par la loi ; que les articles 7 et 15 de la
« loi du 25 mars 1822, et 3 de la loi du 8 octobre
« 1830 (en vertu dequels le *National* avait
« été traduit devant la Cour d'assises de la Seine)
« n'obligeaient point le ministère public à obtenir
« préalablement de ladite Cour l'autorisation de
« poursuivre ; que d'ailleurs, dans le cas d'infi-
« délité et de mauvaise foi des comptes rendus
« des audiences d'un tribunal, le délit doit être
« poursuivi bien moins dans l'intérêt des magis-
« trats qui peuvent y être injuriés, que dans
« l'intérêt de l'ordre public. »

Je suppose qu'il s'agisse de diffamation ou d'injure envers une cour ou un tribunal, commise
autrement que dans un compte rendu.

Il est certain que sous l'empire de la loi du
26 mai 1819, le ministère public n'aurait pas pu
poursuivre d'office ; l'article 4 de cette loi ne
laisse là-dessus aucun doute : une délibération de
ces corps, prise en assemblée générale, et requé-
rant les poursuites, était indispensable.

Mais l'article 17 de la loi du 25 mars 1822 a
abrogé cette disposition, en conférant au ministère public le droit de poursuivre d'office, et
sans autorisation préalable, dans tous les cas, à
l'exception seulement de celui prévu par l'article
12 de la loi du 17 mai 1813, et de diffamation
ou injure contre un agent diplomatique étranger,
ou contre tout particulier.

L'article 17 de la loi du 25 mars 1822 a été abrogé à son tour par les articles 4 et 5 de la loi du 8 octobre 1830 ; de sorte qu'aujourd'hui la diffamation ou l'injure par l'un des moyens énoncés en l'article 1er de la loi du 17 mai 1819, envers une cour ou un tribunal, ne pourrait plus être poursuivie qu'en vertu d'une délibération de cette cour ou de ce tribunal, et cela conformément à l'article 4 de la loi du 26 mai 1819, qui se trouve avoir été remis en vigueur, comme le dit d'ailleurs d'une manière expresse l'article 4 de la loi du 8 octobre 1830. Mais il ne faut pas confondre la diffamation ou l'injure avec l'outrage par parole fait à des magistrats dans l'exercice même de leurs fonctions : cette distinction est clairement marquée dans l'arrêt de la Cour de cassation du 17 mai 1820.

On concevrait bien, d'après ce qui précède, que le délit simple d'infidélité et de mauvaise foi dans un compte rendu, prévu et puni par la première partie de l'article 7 de la loi du 25 mars 1822, pût être poursuivi d'office et sans délibération préalable, d'après le droit commun rappelé par la Cour de cassation.

Mais lorsque le compte rendu est mêlé d'injures pour la cour ou le tribunal, il est difficile de voir pourquoi l'article 4 de la loi du 26 mai 1819 ne serait pas applicable : c'est le délit d'injures qui devient évidemment principal ; aussi la peine prononcée contre ce délit par la seconde partie de l'article 7 précité, est-elle beaucoup plus forte, et même d'une autre nature que pour le délit simple d'infidélité et de mauvaise foi : ce n'est plus une simple amende de 1000 à 6000 fr., mais un emprisonnement d'un mois à trois ans, et en outre l'interdiction à temps ou pour toujours de rendre compte des débats judiciaires.

Aussi, l'article 4 de la loi du 8 octobre 1830, qui prescrit au ministère public de se conformer aux dispositions de la loi du 26 mai 1819, à l'égard des délits mentionnés en l'article 1er de la première de ces lois, et qui sont de la compétence de la Cour d'assises, ne fait-il nullement entendre qu'il doive en être autrement pour les délits qui sont du ressort de la police correctionnelle, ou dont la connaissance appartient aux cours ou tribunaux en vertu de l'article 16 de la loi du 25 mars 1822. La loi du 8 octobre 1830 avait pour objet l'application du jury aux délits de la presse : les articles 2 et 3 de cette loi ont seulement excepté de cette attribution les délits dont ils parlent; mais la loi du 26 mai 1819 ne leur est pas moins applicable qu'aux délits dont le jury peut connaître.

Je suppose qu'au lieu de la loi du 25 mars 1822, il ait paru un article unique ainsi conçu : « La « diffamation ou l'injure envers les cours ou les « tribunaux, dans le compte rendu de leurs « séances, sera punie, etc. , » bien certainement ce ne serait pas là un délit nouveau, et l'article 4 de la loi du 26 mai 1819 se trouverait applicable.

Je suppose encore que l'article 7 de la loi du 25 mars 1822 ait paru seul et tel qu'il est, notamment sans les articles 15 et suivants de la même loi.

Le délit d'infidélité et de mauvaise foi aurait pu être poursuivi d'office ; mais il en serait autrement, sans aucun doute, du compte rendu avec injures. On dirait en vain que le délit prévu par l'article 7 de la loi du 25 mars est un délit mixte et spécial, distinct du délit simple de diffamation ou d'injures : Dumoulin, *de Verb. oblig.*, *l. 2 ,in pr.*, *n*o 49, enseigne bien que, *sub simplicibus non inest mixtum ;* mais il ajoute *nisi eâdem ratione concurrente ;* et ici l'identité est manifeste : la forme est indifférente ; il ne faut voir que le fond des choses.

Peu importe que les articles 15 et 16 de la loi du 25 mars 1822 aient été publiés en même temps que l'article 7 de la même loi. Et en effet, l'article 4 de la loi du 26 mai 1819 dit que la poursuite ne peut avoir lieu qu'après une délibération des corps dont il parle, sans distinguer si la poursuite a lieu devant ces corps eux-mêmes, ou devant d'autres cours ou tribunaux. La disposition de l'article 4 de la loi du 26 mai étant générale, son abrogation n'aurait pu résulter que d'une inconciliabilité positive, et cette inconciliabilité n'existe certainement pas.

La question qui fait l'objet de cette troisième partie de ma discussion est dès lors tranchée, puisque l'article 17 de la loi du 25 mars 1822 est maintenant non avenu ; l'article 5 de la loi du 8 octobre 1830 l'abroge formellement.

Mais ce n'est pas tout : l'article 3 de cette dernière loi fait lui-même bien clairement entendre qu'une délibération est nécessaire pour mettre en mouvement l'action du ministère public.

Cet article est ainsi conçu : « Sont pareille-
« ment exceptés (de l'attribution aux Cours d'as-
« sises) les cas où les chambres, cours ou tribu-
« naux jugeraient à propos d'user des droits qui
« leur sont attribués par les articles 15 et 16 de
« la loi du 25 mars 1822. »

Ces mots si remarquables, *jugeraient à propos,*
etc., sont communs aux cours ou tribunaux, et aux chambres ; et s'ils impliquent la nécessité d'une délibération préalable de la part de celles-ci, pourquoi n'en serait-il pas de même des cours ou tribunaux ?

Il est vrai que l'article 16 de la loi du 25 mars 1822 ne l'exigeait pas pour les cours ou tribu-naux, comme le faisait l'article 15 à l'égard des chambres. Mais par quelle raison ? évidemment parce que l'article 17 de la même loi abrogeait l'article 4 de la loi du 26 mai 1819. Mais main-tenant que l'article 4 de cette dernière loi a repris son empire, il faut le suppléer ou le sous-enten-dre dans la seconde partie de l'article 16 de la loi du 25 mars : *Non est novum, ut priores leges ad posteriores trahantur,* dit la loi 26 Digeste, *de legibus.*

Tout juge doit être compétent au moment même où il est saisi de la connaissance d'une af-faire : c'est là, on peut le dire, une règle puisée dans la nature même des choses.

Or, c'est par la citation donnée à la requête du ministère public, que la Cour d'assises de la

Seine avait été saisie : *cœpta esse, atque ità pen-*
dere lis censetur, non modò si litis contestatio
jam facta sit, sed si sola citatio seu in jus vaca-
tio, dit Voët dans ses Commentaires sur le Digeste, *liv.* 44, *tit.* 2, *n°* 7.

Comment dès lors a-t-on pu prétendre que la
Cour d'assises de la Seine était compétente, puisque rien ne prouvait qu'elle eût *jugé à propos*
d'user des droits que lui attribuait l'article 16 de
la loi du 25 mars 1822? C'était cependant la condition essentielle de la compétence que lui main-
tenait l'article 3 de la loi du 8 octobre 1830.

Et que l'on ne dise pas que cette condition a
été remplie par la connaissance de l'affaire dans
laquelle elle est entrée.

Un événement postérieur ne peut pas valider
ce qui était nul dans le principe : l'arrêt du 11
mai fournit lui-même une application de cette
doctrine : « Attendu d'ailleurs, y est-il dit, que
« le pourvoi du 30 mars a été formé après l'op-
« position à l'arrêt du 20 mars, et lorsque cette
« opposition conservait encore toute sa force, et
« que dès lors il est non recevable. »

Le ministère public était sans pouvoir, et il
devait être démis de son action, sauf à lui à la
renouveler d'une manière régulière, c'est-à-dire,
en prenant l'autorisation prescrite par la loi. Fa-
vard de Langlade, dans son Répertoire, *t.* 3,
p. 281.

Il est vrai que la nullité n'avait pas été pro-
posée devant la Cour d'assises de la Seine; mais
la Cour de cassation juge que les nullités substan-

tielles ne se couvrent pas , qu'on peut les opposer en tout état de cause , et qu'elles doivent même être suppléées d'office par le juge. Trois arrêts à la date du 26 mai 1832.

La Cour de cassation a dit que la spontanéité de l'action du ministère public était de droit commun.

Mais il y a aussi un principe général et plus prochain, depuis l'abrogation de l'article 17 de la loi du 25 mars 1822 , et la remise en vigueur des articles 4 et 5 de la loi du 26 mai 1819 ; c'est la nécessité d'une plainte préalable ou d'une autorisation. Il est donc rationel d'interpréter dans cet esprit les cas douteux, s'il y en a.

Elle a dit encore que « dans les cas d'infidélité « et de mauvaise foi des comptes rendus des au- « diences d'un tribunal , le délit doit être pour- « suivi bien moins dans l'intérêt des magistrats « qui peuvent y être injuriés , que dans l'intérêt « de l'ordre public. »

Mais d'abord, qu'importe, si l'article 3 de la loi du 8 octobre 1830 exige virtuellement une délibération ? et je crois avoir prouvé qu'il l'exige en effet.

Ensuite, la Cour de cassation confond ici deux choses qui se distinguent cependant d'une manière bien sensible , savoir, le délit d'infidélité et celui d'injures.

Que le premier n'intéresse que l'ordre public, je l'accorde volontiers; mais peut-être devait-on l'assimiler au délit d'injures , et c'est ce qu'a fait l'article 3 de la loi du 8 octobre 1830 : je le crois du moins.

Il en est tout autrement du second ; et ici encore c'est la Cour de cassation elle-même que
j'invoque.

« Attendu , porte son arrêt du 17 mai 1820 ,
« que l'article 222 du Code pénal n'est pas com-
« pris dans la nomenclature des articles de ce
« Code que l'article 26 de la loi du 17 mai
« 1819 déclare être abrogés ; que cet article con-
« serve donc toute sa force dans les dispositions
« qui ne sont pas inconciliables avec celles de
« cette loi ; qu'il a prévu tout-à-la-fois et soumis
« à la même disposition pénale les outrages par
« parole faits à des magistrats de l'ordre judi-
« ciaire et administratif dans l'exercice de leurs
« fonctions , et ceux qui leur sont faits seulement
« à l'occasion de cet exercice ; *que ces deux*
« *genres d'outrages ont néanmoins un genre de*
« *criminalité différent; que les premiers bles-*
« *sent non-seulement le magistrat outragé , mais*
« *encore la loi, dont il est l'image et l'organe*
« *dans l'exercice de ses fonctions; que les se-*
« *conds ne peuvent nuire qu'à l'honneur des*
« *magistrats , etc.* »

Je termine par une réflexion dont la justesse
sera , sans doute , facilement comprise :

Il n'est pas bon que le zèle par fois trop ardent
de certains officiers du ministère public , qui au-
ront peut-être été personnellement l'objet d'injures prétendues , et qui , suivant le mot d'un
Anglais , trouveront le libelle d'autant plus grave
qu'il y aura plus de vérité, puisse commettre, sans
leur aveu , les cours ou tribunaux avec le public

et la presse. Ces sortes d'actions exigent une grande prudence ; leur principe ou leur mise en mouvement sera donc mieux placé dans les cours ou tribunaux eux-mêmes : qu'ils aient le droit de dire comme cet empereur dont le peuple avait brisé la statue : Je ne me sens pas blessé.

Encore un mot sur l'article 3 de la loi du 8 octobre 1830.

Une cour ou un tribunal, sur la poursuite spontanée du ministère public, a prononcé ainsi et avant tout débat : « La cour ou le tribunal dé- « clare qu'il ne *juge pas à propos d'user du droit* « *que* lui *attribuent les articles* 17 et 16 de la loi « du 25 mars 1822 ; en conséquence le minis- « tère public est démis de son action. »

Assurément, un tel arrêt ou un tel jugement ne pourrait pas être cassé : il serait littéralement conforme à l'article 3 de la loi du 8 octobre 1830.

Et il faudroit cependant bien qu'il pût l'être, si la doctrine de la Cour de cassation était exacte, c'est-à-dire, si l'action du ministère public était indépendante et libre, comme elle l'est en gé- néral.

On voit donc que les termes de l'article 3 de la loi du 8 octobre 1830 ont une valeur positive, et dont il faut tenir compte.

En somme, et pour conclure sur toute cette dissertation, je dis que la Cour suprême a déna- turé les jugements définitifs préjudiciels, pour leur refuser un effet suspensif que la loi ne leur accorde d'ailleurs pas ; qu'elle a eu tort de casser

pour violation , soit de l'article 373 du Code d'instruction criminelle qui ne parle que des arrêts
du fond , soit de l'article 416 du même Code, qui
ne s'est pas occupé de l'effet des pourvois dont il
parle , et qu'il n'y avait réellement eu aucun excès de pouvoir de la part de la Cour d'assises de
la Seine ; enfin , que la Cour suprême aurait dû
casser pour contravention à l'article 4 de la loi
du 26 mai 1819 , ou pour défaut de délibération
préalable et de permission de poursuivre.

J'ignore si cet écrit parviendra jusqu'à la Cour
de cassation , et s'il sera remarqué par elle.

Les magistrats qui la composent me liraient
sans doute avec bienveillance ; ils connaissent ces
belles paroles de Théodoric, que Cassiodore nous
a conservées : *Propter justitiam et pro lege ser-
vandâ, patimur nobis contradici.*

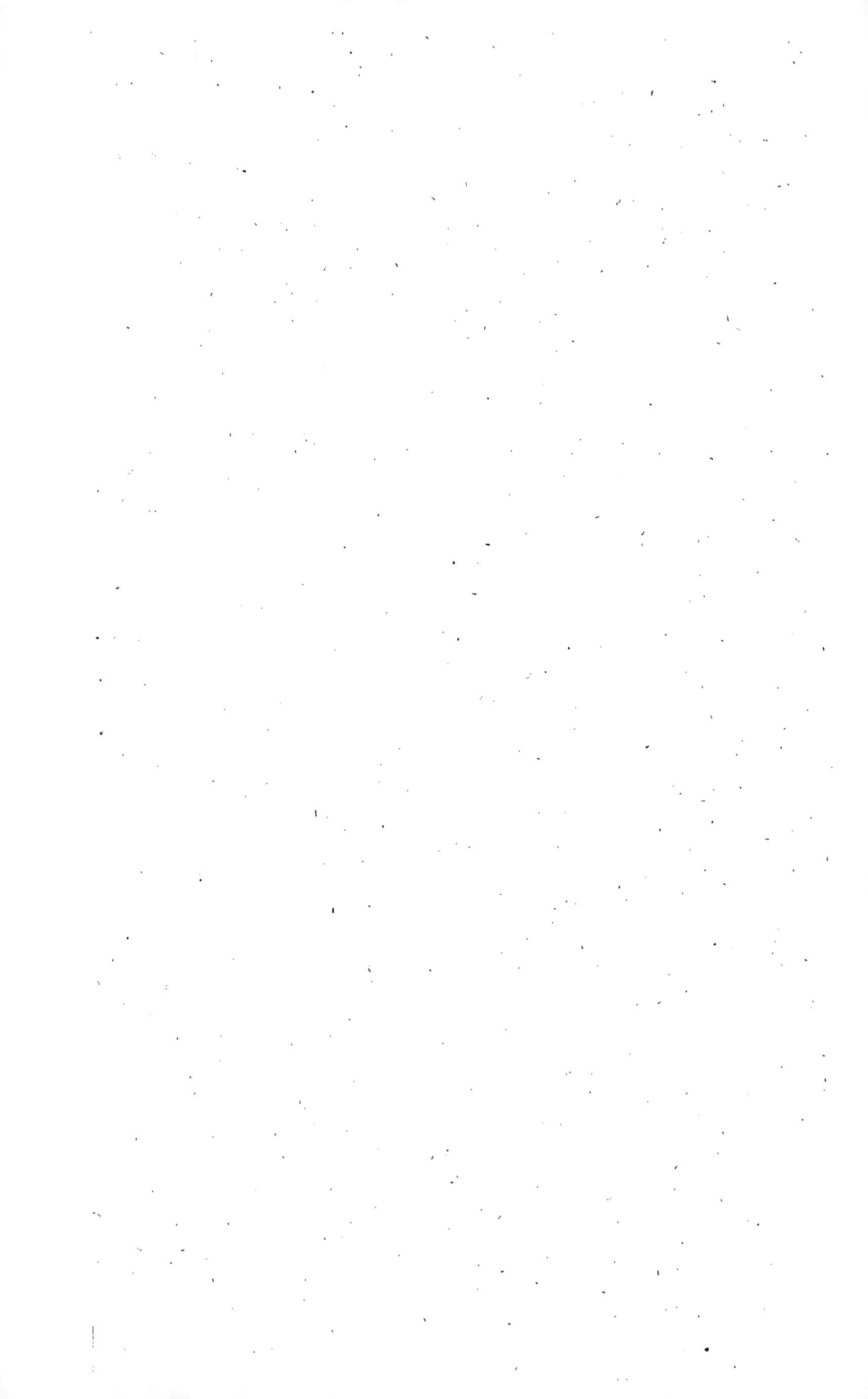

www.ingramcontent.com/pod-product-compliance
Lightning Source LLC
Chambersburg PA
CBHW060444210326
41520CB00015B/3834